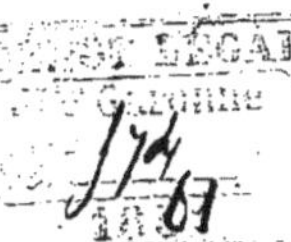

THÈSE

DE

LICENCE.

ACTE PUBLIC

POUR

LA LICENCE

En exécution de l'Article 4, Titre 2, de la Loi du 22 Ventôse an XII.

SOUTENU

Par M. CROISILLE (Alphonse-Jules-Toussaint),

Né à Aurillac (Cantal).

TOULOUSE,

Typographie Troyes OUVRIERS REUNIS,
Rue Saint-Pantaléon, 5.

1861.

A TOUS MES PARENTS.

A TOUS CEUX QUE J'AIME.

Jus Romanum.

De optione vel electione legata.

(Dig. 33. 5.)

Ulpien. Reg. 2. 14. (Just. de Legatis 22. 23.)

Legatum optionis vel electionis dicitur, quando testator divertis verbis id indulget legatario, ut ex pluribus rebus ejusdem generis sibi aliquem eligat, exempli gratiâ, *Titius ex stabulo equum quemcumque elegerit habeto.*

Legatum electionis illud etiam est quo res aliquis alternatim legata est, cujus certa demonstratio esse potest; hoc modo, *Stychum aut Pamphilium do, lego.*

Necesse est in hoc legato, ut certa sit finitio rei, nam si generaliter animal legatum fuerit, legatum non valere constat; quia intelligi non potest, de quo animalis genere testator censerit.

Porro, si testator generaliter fundum vel domum legaverit, non aliter valet legatum, quam si testator fundos aut domos habuerit (L. 69, § 4 *de jure dotium* l. 71 *de legatis*, 1). Ratio est, quia et una gleba, vel modicissimus locus , fundus dici possit (L. *locus* , de verborum significatione). Item, vilissima quæque casula domus appellatur. Ergo, cum legatum ad minimam rem et vilissimam redigi possit, derisorium magis est, quam utile, ut loquitur Ulpianus, in lege 71, dicto loco.

Aliter autem se res habet, si quis equum, bovem, asinum generaliter legaverit , vel aliam rem cujus certa sit finitio.

Ex his, quæ suprà diximus de legato optionis et electionis apparet, optionem et electionem nominatim relictam non differre. Quapropter jurisconsultus optionis et electionis verbo promiscuo utitur, et quod electionem vocet in uno loco, alio optionem expellet (L. 2, § ultimo, et L. 4, hoc titulo).

Tamen quænam differentia est. Optio legata intelligi debet , quoties nominatim relicta est. Electio non intelligi debet relicta, quoties non expressè sed tacitè tantum relicta fuit, nimirum per consequentias legati generalis vel alternativi.

Antiquo jure legatum optionis et legatum electionis in his conveniebant :

Primo , quod in utroque electio legatarii sit , favore supremarum voluntatum quæ pleniorem interpretationem , L. 27. L. 108. § 2. De legatis 1. — Contra, in contractibus, nam ibi electio debitoris est. (L. 10, § 1. De jure dotium D.).

Quod ita tamen intelligendum est, ut legatarius non possit optimum eligere , nisi testator aliud dixerit, idque expresse fluit ex Ulpiani regularum libris , titulo 24 , § 14. Aït nempe, optione legati per vindicationem data, legatarii electio est ; veluti *hominem optato , eligito*. Legaverim *Titio hominem aut decem heres meus dato* , aut si legaverim hominem generaliter, per damnationem, hominem dare heredis electio est. (L. 45 , § 1. De legatis 1.)

Quo casu non potest cogi legatarius pessimum accipere (L. 37. De legatis 1.)

Sed discrimen quod erat olim hac in re inter legatum vindicationis et damnationis legatum sublatum est à Justiniano (L. 1. 1. communia de legatis.

Item, similitudo inter legatum optionis vel electionis in eo consistit, quod in legato optionis vel electionis jus eligendi una testatione consumatur ; sic , exempli gratia, *vestimenta quæ volet, triclinaria sumito, sibique habeto;* si legatarius dixisset, quæ vellet, deinde, antiquam ea sumeret, alia se velle dixisset : mutare voluntatem eum non posse , ut alia sumeret : quia omne jus legati prima testatione, qua sumere se dixisset, consumpsit ; quoniam res continuo ejus fit, simul ac si dixerit eam sumere. (Labeo. D. L. 20. Hoc titulo).

Aliud vertitur in stipulatione alternativa ; nam in ea jus eligendi debitoris est et ipsi obligationi inest , ideoque , re nondum tradita , voluntatem semper mutare potest. (L. 138, de verborum obligationibus).

Item in hoc legato vel servi legati vel rei aliæ testatoris sic legatæ ita obligentur, ut non possit hæres ante optionem quidquam ex his vendere, vel manumittere vel pignorare ; sed legatario moras trahente, debet prætor, postulante herede, vel quolibet alio cujus intersit, diem præfinire , intra quem, nisi elegerit, denegetur ei actio, nisi adhuc res sit integra. (L. 6 et 7, D. hoc titulo).

Denique legatarius eligere debet ex rebus testatoris, non ex alienis (L. 2 ? 2, L. ultim. hoc titulo).

Num quædam differentiæ inter legatum optionis et legatum electionis exponendæ sunt.

Olim enim in duobus potissime differebant :

Primo, quod optio erat actus legitimus et solemnis et ideo debebat fieri solemniter et in jure, exhibita universa familia, si optio servorum relicta esset ; vel exhibitis aliis rebus hereditariis ejus generis ; nec iterari poterat, aut in diem vel sub conditione fieri, legato autem generaliter vel

alternatim relicto , electio quocumque modo fiebat et nullis adhibitis solemnitatibus.

Secundo, quod legatum optionis conditionale erat, tacitam quippe con-
ditionem in se habebat si legatarius vivus optasset (§ 23, Institut. Jus-
tinian. de legatis), quia hoc legato nominatim electio continebatur ; legato
vero electionis optio tacite tantum relinquebatur et per consequentias rei
generaliter vel alternatim legatæ : quare hoc legatum purum erat et in
hæredes transmittebatur (L. 19 et 20, hoc titulo). Qui tamen, si in electione dissenssisset, legatum amittebant (L. 25, § 17, familiæ erciscundæ.)
Perinde ac legatum amittebant etiam plures legatarii, quibus rei electio
expresse relicta fuisset, si in electione dissenssissent.

Attamen Justinianus sustulit has omnes differentias , voluitque optionem etiam fieri sine ullis solemnitatibus , et legatum optionis ad hæredes transmitti , et præterea voluit , sive plures essent legatarii, sive
plures unius legatarii hæredes , qui de eligenda re legata dissentirent ,
fortunam esse hujus rei judicem et decisionem sorti committi. (L. ultim. L. communi de legatis et § 23. Inst. de legatis).

Electione a legatario facta cedit dies legati, idem est si in extraneum
electio collata sit et is elegerit.

QUÆSTIONES.

I. Si optione servorum data , antequam optares, conditio statutæ liber-
tatis defecisset : an Stichum optare possis ? — Sic. (L. 9. § 2. D. hoc. tit.).

II. Optione legata an possit ante aditam hæreditatem hæreditatem op-
tari? — Non potest. (D. L. 16. h. t.).

III. Si, cum optio servi ex universa familia legata esset, hæres aliquem, priusquam optaretur, manumisit, an eum ad libertatem interim
perducat? — Non perducit. (L. 14. D. h. t.).

IV. Maritus uxori suæ codicillis per fideicommissum dedit prædia :
item lances, quas elegerit, quatuor. Quæritur, an ex his lancibus,
quæ mortis tempore sint eligere possit? — Potest. (D. l. 22. h. t.).

Code Napoléon.

Des contrats.

Tit. III.

(Articles 1271, 1299).

Le Code Napoléon , art. 1234, énumère neuf causes d'extinction des obligations ; le sujet que nous avons à traiter embrasse la novation, la remise de la dette et la compensation.

De la novation. — La novation est l'extinction d'une dette par une nouvelle dette : son caractère distinctif consiste en ce qu'elle produit et éteint des obligations simultanément. Nous la définirons avec Pothier : la substitution d'une nouvelle dette à une dette ancienne. Cette substitution peut s'opérer de trois manières différentes : 1º par changement d'objets : si l'on stipule, par exemple , qu'au lieu de 500 francs dus à une personne , on lui livrera cinquante mesures de blé ; ce changement opère novation ; 2º par changement de débiteur : lorsqu'un tiers s'engage à payer pour le débiteur , le concours de celui-ci n'est même pas nécessaire ; le consentement du créancier et du nouveau débiteur suffit pour opérer la novation. Mais le consentement du créancier est indispensable. Un arrêt de la Cour de Cassation du 19 décembre 1815 a décidé que le débiteur qui , par un traité particulier , a chargé du paiement de sa dette un tiers qui s'y est obligé, n'est pas déchargé envers son créancier , lors même que celui-ci a eü connaissance de l'arrangement , s'il n'y a expressément adhéré. Il n'y a pas alors novation.

Il en est de même lorsqu'on change les conditions d'une dette : 1º si, par exemple, on stipule pour l'avenir des intérêts d'une dette qui n'en produisait pas originairement (Voët. sur le Digeste) ; 2º lorsqu'on ne fait que réduire les intérêts d'une dette qui , dans le principe, en produisait de plus considérables : lorsqu'au lieu d'anéantir la dette on ne fait que la diminuer , puisqu'en la diminuant, on la confirme par la portion à laquelle on l'a réduite ; 3º par changement de créancier , lorsque le débiteur se libère envers son créancier au moyen d'une obligation qu'il contracte envers une autre personne que le créancier lui désigne. Dans ce cas , il faut , pour la validité du contrat , le concours de trois personnes , du créancier primitif qui renonce à sa créance , du débiteur qui contracte une dette nouvelle , et du nouveau créancier qui accepte. Il existe une quatrième espèce de novation dont le Code ne fait aucune mention et qui se produit lorsqu'on change la cause de la dette : vous me devez mille francs à titre de locataire ; je consens à vous les laisser en prêt. J'y perds le privilége que j'avais sur vos meubles en ma qualité de locateur , mais votre ancienne dette était prescriptible par cinq ans et la nouvelle ne peut l'être que par trente.

La novation pouvant facilement se confondre avec d'autres actes , c'est par l'intention des contractants que l'on reconnaît son existence. Dans l'ancien Droit Romain la volonté de nover se présumait facilement. Sous Justinien , elle dut être exprimée ; le Code a pris un système intermédiaire ; si la volonté d'opérer la novation résulte clairement de l'acte, la novation sera reconnue lors même qu'elle n'a pas été expressément stipulée.

J'ai déja dit plus haut que la novation était tout-à-la fois productive et extinctive d'obligations, et chacun des effets que la novation doit produire devient la cause de l'autre. Il en résulte , que si l'un des deux manque, les deux effets sont détruits. Ainsi,une dette nulle ne pourra pas être novée par une dette valable; une dette valable ne pourra pas être novée par une dette nulle. Mais , d'après M. Bugnet., le créancier peut abandonner définitivement une créance certaine en échange d'une créance incertaine , mais plus considérable que la première; sa novation est alors aléatoire.

La novation étant extinctive d'obligation , ne peut être faite que par une personne capable de contracter, et le mineur pourra réclamer l'annulation de la novation qu'il a consentie, qu'il soit créancier ou débiteur, indifféremment.

En résumé : 1º Si on veut nover une dette nulle dès le principe , l'obligation nouvelle ne peut naître , puisqu'elle n'a pas de cause;

2º Lorsque la nouvelle dette, qu'on substitue à l'ancienne, est nulle, l'ancienne continue d'exister. Par dérogation au principe que toute dette susceptible d'être valablement payée peut être valablement novée , la dette de jeu ne peut être novée;

3º Si l'ancienne dette est valable etl a nouvelle annulable, l'ancienne dette revit à l'annulation de la première;

4° Si l'ancienne dette était conditionnelle, la nouvelle ne peut naître qu'à la réalisation de la condition, à moins que les parties n'aient entendu faire novation pure et simple et aléatoire. C'est aux juges qu'il appartiendra de décider d'après les faits quelle a pu être l'intention des parties;

5º L'ancienne dette était pure et simple, et la nouvelle dette conditionnelle ; l'ancienne n'est éteinte que si la condition à laquelle est subordonnée l'existence de la nouvelle se réalise.

Un rejet du 16 août 1820 , et un arrêt de la Cour de Paris , du 14 décembre 1818 , ont décidé que l'acceptation de billets en paiement n'opérait pas novation de la dette , lorsqu'il a été expressément stipulé qu'en cas de non-paiement des billets, le créancier rentrerait dans tous

ses droits : si les billets ont été acceptés sans aucune réserve, il y a novation (Paris, 7 décembre 1814).

Par dérogation au principe : que l'ancienne dette étant éteinte, tous
les accessoires tombent avec elle, les parties peuvent , par une clause
expresse, détacher de la créance éteinte les hypothèques et priviléges
qui en garantissaient le paiement , et les rattacher à la nouvelle dette.
D'un autre côté, si un nouveau débiteur est substitué à l'ancien, les hypothèques qui pesaient sur les biens du débiteur libéré ne peuvent pas
être transportées sur les biens du nouveau débiteur (1279). Si celui-ci
consent une hypothèque, elle ne pourra pas emprunter le rang et la
date de la première, car cela blesserait les droits des autres créanciers
hypothécaires.

Aux termes de l'article 1281, la caution est libérée lorsque le créancier fait novation avec le débiteur principal, puisque l'obligation principale éteinte, l'obligation accessoire tombe avec elle. Cependant, le
créancier peut mettre pour condition que la caution accèdera à cette
nouvelle dette et la garantira comme elle garantissait la première. De
même , tous les co-débiteurs solidaires sont libérés par la novation faite
avec l'un d'eux, à moins toutefois que le créancier n'ait exigé l'adhésion
des co-débiteurs solidaires à cette nouvelle dette.

De la délégation. — La novation prend le nom *d'expromission* lorsqu'un tiers intervenant s'oblige de son propre gré au lieu et place du
débiteur primitif. La délégation diffère en ce point de l'expromission ,
que dans l'expromission le tiers se présente de lui-même, tandis que c'est
le débiteur qui présente le délégué.

La délégation parfaite peut se définir une convention par laquelle
le débiteur appelé déléguants fait obliger en son lieu et place une
personne acceptée par le créancier et qu'on nomme délégué. Le plus
souvent le délégué est déjà débiteur du déléguant, ce qui opère du même
coup l'extinction de deux dettes.

La décharge de l'ancien débiteur , par l'acceptation du délégué , rend
la délégation parfaite. Mais cette décharge doit-elle être expresse ? le
Code dit formellement que oui ; cependant M. Duranton , t. XII, n° 309,

pense, avec Pothier, que lorsqu'elle résulte clairement des circonstances, la décharge doit être admise. Nous nous rangeons à cet avis, puisque le Code envisage toujours la volonté des parties, lors même qu'elle ne serait pas formellement exprimée. Mais la délégation acceptée opère novation (Nîmes, 2 juillet 1812). Si le créancier n'a pas adhéré à la délégation, bien qu'il en ait eu connaissance, le débiteur primitif n'est pas libéré (Cas. section civile, 19 décembre 1815),

La simple indication faite par le débiteur d'une personne qui doit payer à sa place n'opère pas novation (1277).

La délégation est imparfaite lorsqu'elle ne contient pas de novation; alors le nouveau débiteur devient seulement le coobligé de l'ancien.

De la remise de la dette.

La remise de la dette est l'abandon *gratuit* que le créancier fait de sa créance. Nous disons gratuit, parce que la remise à titre onéreux devient un simple paiement si le créancier reçoit la chose même qui lui est due, ou bien une *datio in solutum*, lorsque le créancier se déclare satisfait en recevant la propriété d'une chose autre que celle due ; enfin elle prend le nom de novation, comme nous venons de le voir, lorsqu'il y a substitution de créancier. La remise étant une pure libéralité, il en résulte :

1o Qu'elle ne peut être faite que par une personne capable ;

2o Qu'elle doit être faite à une personne capable de recevoir du créancier à titre gratuit ;

3o Qu'elle est rapportable ;

4o Réductible si elle excède la quotité disponible, et révocable pour cause d'ingratitude ou de survenance d'enfants.

Bien qu'au fond elle soit une libéralité, la remise n'est pas soumise aux formes des donations. Laissons parler M. Touiller : « La remise, dit-il, a toujours été tellement favorable que, quoiqu'elle soit une véritable donation , elle n'a jamais exigé aucune espèce de forme pour sa validité , elle peut être faite par lettre missive. »

Rousseau de Lacombe et Lebrun , dans son *Traité des successions*, décident que la donation sous forme de remise de la dette n'est pas sujette à l'insinuation.

Le Code Napoléon admet non-seulement la remise formelle qui résulte d'une quittance ou de tout autre déclaration écrite, mais encore la remise tacite et la fait résulter de certains faits d'où l'on peut induire l'intention du créancier. Pothier dit, n° 572 , que la remise peut se faire par une convention tacite qui résulte de certains faits qui la font présumer ; la loi ne cite au nombre de ces faits que la remise que le créancier fait à son débiteur du titre qui constate sa créance.

Pour une cause qui s'explique facilement, la présomption sera plus forte lorsque le créancier abandonne un acte sous-seing privé que lorsqu'il livre seulement la *grosse* d'un acte notarié. L'abandon du titre peut être prouvé par témoins et par conséquent , en vertu de l'art. 1353 , par de simples présomptions de l'homme, et alors y aura-t-il présomption de paiement ou présomption de libéralité ? L'art. 1282 déclare énergiquement qu'il y a libération. Cette question nous semble donc résolue.

Des effets de la remise de la dette. — La remise est absolue, générale, lorsqu'elle ne contient aucune restriction, et alors les cautions seront libérées : ou personnelle c'est-à-dire limitée à une personne exclusivement. Prenons quelques espèces. La remise est-elle faite à l'un des débiteurs solidaires, la loi la présume faite à tous. Est-elle faite à l'une des personnes qui se sont engagées conjointement mais sans solidarité, la remise est personnelle. La remise de la dette elle-même est faite à l'une des cautions, tous les codébiteurs sont libérés ; s'il y a seulement remise du cautionnement (1287), la remise est personnelle.

L'article 1288 contient une clause assez injuste en vertu de laquelle une caution peut, lorsqu'elle craint d'être obligée de payer, se libérer moyennant une somme qu'on appelle décharge de cautionnement, ce qui peut procurer un double bénéfice au créancier.

De la compensation.

La compensation est un paiement abrégé par lequel une personne retient en paiement d'une chose qui lui est due celle dont elle est elle-même débitrice. *Melius non solvere quàm solutum repetere* (**Bug.** sur **Poth.** t. II, p. 335).

La compensation sauvegarde l'intérêt réciproque des parties en évitant des déplacements et des lenteurs préjudiciables. On conçoit qu'ils serait injuste, lorsque deux personnes se doivent l'une à l'autre deux choses de même espèce, que l'une d'elle pût exiger celle qui lui est due et refusât de payer celle qu'elle doit elle-même. Trois conditions sont nécessaires pour la validité de la compensation. Les deux dettes à compenser doivent :

1º Avoir pour objet l'une et l'autre une somme d'argent ou des choses fongibles de même espèce.

2º Etre liquides.

3º Exigibles.

« Une dette est réputée liquide et susceptible de compensations, si elle peut être liquidée sans retard préjudiciable à celui à qui elle est opposée (Toulouse 14 août 1818).

1º De même qu'un créancier ne peut pas être contraint de recevoir, de même il ne peut pas être contraint de retenir en paiement une chose autre que celle qui lui est due. D'où la règle que les dettes qui ont pour objet des choses différentes ne sont point compensables. Un seul cas existe où par exception la compensation a lieu, bien que les dettes aient pour objet des choses différentes; c'est lorsque les dettes qui ont pour objet une somme d'argent sont corrélatives à des dettes non contestées qui ont pour objet des denrées dont le prix est réglé par les mercuriales.

2º Une dette est liquide lorsqu'il est constant qu'il est dû et qu'on sait combien il est dû : *cum certum est an et quantum debeatur.* Lorsque l'une des parties dont la créance est liquide réclame le paiement dû, ce serait lui préjudicier que la renvoyer à une autre époque, sous prétexte que son débiteur peut être aussi son créancier.

3º Il est manifeste que les dettes à terme, tant que le terme n'est pas échu, les dettes conditionnelles avant l'évènement de la condition, ne peuvent être opposées en compensation. Un fermier de biens nationaux n'a pu être admis à compenser le prix du fermage avec les indemnités qu'il réclamait et n'avait pas fait liquider (Cass., 5 floreal an 9). Le terme de grâce n'est pas un obstacle à la compensation. Les dettes d'un débiteur failli, quoique devenues exigibles par l'effet de la faillite (art. 1188, Code Nap., 444, Code Com.), ne peuvent être compensées avec les créances exigibles qu'il a sur son créancier. En résumé, il faut conclure de là qu'il n'est pas nécessaire pour que la compensation ait lieu, que les deux dettes soient connues du débiteur, ni qu'elles soient égales, car alors la compensation s'opère dans la limite de la plus faible. Il n'est point indispensable qu'elles soient payables dans le même lieu, sauf déduction des frais de remises, ni qu'elles aient une cause semblable. Toutefois deux dettes nées l'une de l'autre ne sont points compensables.

Signalons quelques exceptions au principe que la compensation a lieu, quelles que soient les causes de l'une et l'autre des dettes. La compensation n'a pas lieu dans le cas de demande en restitution d'une chose dont le propriétaire a été injustement dépouillé : *spoliatus ante omnia restituendus*. La compensation ne saurait non plus avoir lieu dans le cas de la demande en restitution d'un dépôt, ou de la demande en restitution d'un prêt à usage. Ces dettes sont des dettes d'honneur, de confiance ; et la loi ne veut point que le dépositaire puisse refuser de payer sous prétexte qu'il est lui-même créancier du déposant (1293). Il peut arriver que par suite d'une clause pénale convenue entre un prêteur à usage et son débiteur, ce dernier, qui laisse périr la chose par sa faute, se trouve devoir une somme liquide et exigible, sera-t-elle sujette à compensation ? Non, comme née d'un prêt à usage. (Valette).

Lorsque l'une des parties est tenue de plusieurs dettes exigibles, c'est au moyen de l'imputation qu'elle déclare acquitter telle ou telle dette.

En matière de compensation, l'imputation ne peut être supposée. La loi la fixe elle-même, conformément aux termes de l'article 1256. Le Code déclare expressément que la compensation a lieu même à l'insu des parties dès que deux dettes existent simultanément. Interprêté à la lettre, ceci pourrait avoir des conséquences déplorables. Pothier dit comme toujours, avec beaucoup de raison, que la compensation est une faveur de la loi ; or, *beneficium legis non debet esse captiosum*, la compensation ne peut donc avoir lieu qu'en tant qu'elle ne préjudicie en rien aux parties. La caution, le débiteur principal et les débiteurs solidaires peuvent invoquer la compensation. Dans le cas de cession de créance, tant que le cessionnaire n'a pas obtenu du débiteur cédé une acceptation par acte authentique de la cession, la créance reste sur la tête du cédant. Si le débiteur cédé accepte sans aucune réserve, il renonce tacitementà la compensation, il conserve ce bénéfice, si la cession lui a été notifiée.

La compensation ne peut avoir lieu au préjudice des droits acquis à des tiers (1298). Ainsi, celui qui étant débiteur est devenu créancier depuis la saisie-arrêt faite par un tiers entre ses mains, ne peut plus opposer compensation au préjudice du saisissant. Lorsque le débiteur succède au créancier de son créancier, la compensation des sommes liquides et exigibles s'opère de plein droit, et cette compensation est opposable aux tiers créanciers de l'un des deux débiteurs entre lesquels il y a eu compensation, pourvu toutefois, que ce créancier n'ait pas sur la somme des droits acquis. (Cass. 14 août 1809). La compensation facultative est celle qui, pour produire son effet, a besoin d'être opposée par l'une des parties et prononcée par le juge. La demande reconventionnelle est la demande incidente formée par un défendeur qui veut faire liquider une créance qu'il prétend avoir contre le demandeur, afin de l'opposer en compensation dès que son existence aura été reconnue.

QUESTIONS.

I. Une dette annulable peut-elle être novée par une dette valable ? — Oui.

II. Le créancier et le tiers qui s'oblige au lieu et place du débiteur, peuvent-ils, sans le consentement de ce dernier, réserver les hypothèques qui pèsent sur ses biens ? — Non.

III. La décharge du débiteur qui a opéré une délégation acceptée, peut-elle être tacite ? — Oui.

IV. Un emprunteur à usage a laissé périr la chose par sa faute, il est condamné, après poursuite, à payer une indemnité, sa dette est donc devenue liquide et exigible. Sera-t-elle sujette à compensation ? — Non.

Droit Commercial.

De la société en commandite et de la société anonyme.

La société est un contrat par lequel deux ou plusieurs personnes conviennent de mettre en commun quelque chose dans le but de partager également le bénéfice qui pourra en résulter. Citons d'abord les règles qui sont communes à toutes les sociétés :

1o Il doit y avoir apport ou mise de la part de chacun des contractants ;

2o Il faut qu'il y ait un intérêt commun.

Bien des discussions se sont élevées entre les auteurs sur l'interprétation de ces mots *un intérêt commun*. D'aucuns ont pensé que ces mots signifiaient qu'il était de l'essence de la société qu'elle fût contractée dans l'intérêt commun des associés, sans quoi elles devenaient un simple mandat.

D'autres entendent par *intérêt commun* l'éventualité d'un bénéfice auquel chacune des parties doit prendre part en commun et non d'une manière alternative. Cet avis auquel nous adhérons, a été confirmé par arrêt de la Cour de Cassation, du 4 juillet 1826 ;

3o La société doit avoir pour but un bénéfice à réaliser ;

4° Le bénéfice doit être partageable entre les parties ;

5o L'objet de la société doit être licite.

Les sociétés sont civiles ou commerciales. Si les auteurs sont en désaccord pour décider si les sociétés civiles sont des personnes juridiques, ils sont à peu près unanimes à l'affirmer pour les sociétés commerciales.

De la société en commandite.

La *société en commandite* a pris son origine et son nom dans un contrat fort usité dans le moyen-âge, appelé *contrat de commande*, par lequel des propriétaires de marchandises les confiaient pour être vendues au loin à un marchand ou à un marin. Au retour de son expédition, celui-ci leur en rendait compte et ils partageaient les bénéfices.

Lorsque plus tard le prêt à intérêt fut interdit par les ecclésiastiques, qui voulaient accaparer tous les bénéfices, le contrat de commande servit à éluder cette prohibition ; ne pouvant emprunter à un capitaliste, qui ne lui aurait pas prêté sans intérêts, un marchand lui promettait une part dans les bénéfices. Le capitaliste trouvait ainsi moyen de prêter à un taux exorbitant ; pour ne courir aucun risque, il faisait assurer son capital moyennant une prime que lui payait le marchand, puis il lui vendait son droit éventuel sur les bénéfices.

L'ordonnance de 1673 consacra des règles spéciales à ces sociétés et leur donna le nom de Société en commandite.

Définition. — *Caractères.* — La société en commandite est celle qui se forme entre un ou plusieurs associés responsables et solidaires, et un ou plusieurs bailleurs de fonds, tenus seulement jusqu'à concurrence de leur mise (C. Com. 23, 26).

Il y a donc dans cette société :

1o Un ou plusieurs associés obligés pour le tout, et responsables indéfiniment vis-à-vis des créanciers sociaux. Seuls, ils sont appelés à gérer les affaires, et se nomment *commandités* ou *gérants*. Un arrêt de la Cour de Paris, du 10 août 1807, a décidé que doit être réputé associé commanditaire, et non simple prêteur , celui qui, sous le titre de prêt, a fourni des fonds à une maison de commerce avec stipulation d'un intérêt déterminé, si, outre l'intérêt convenu , il s'est réservé une quote-part dans les bénéfices présumés, avec le droit , non-seulement de prendre communication des registres , mais encore celui d'assister aux inventaires ;

2° Un ou plusieurs bailleurs de fonds obligés, jusqu'à concurrence de leur mise, et qu'on nomme *commanditaires.*

D'après un arrêt de la Cour de Cassation, du 14 février 1810, un commanditaire qui a reçu de bonne foi des bénéfices acquis et qui peut les avoir consommés, ne doit pas être soumis à en faire le rapport. La seule ressource des créanciers qui prétendraient faire opérer ce rapport serait de prouver qu'il n'existait pas de bénéfice à l'époque où l'on en aurait attribué à un associé commanditaire.

Il existe de grandes différences entre cette société et celle en nom collectif. En effet, les créanciers n'ont point, comme dans cette dernière , une *action solidaire* contre tous les associés indirectement, et en vertu de laquelle ils puissent réclamer contre chacun d'eux la totalité de la dette. (Cod. Com. 22).

La mise ou apport des commanditaires ne peut jamais, comme pour les associés en nom collectif, consister en leur crédit ni leur industrie, puisque la gestion des affaires leur est interdite.

La société en commandite opère sous une raison sociale tout comme la société en nom collectif (23) ; mais dans cette raison sociale ne peuvent figurer que les noms des associés responsables et solidaires. C'est une sage prévision de la loi, afin que les tiers ne puissent pas être abusés; s'il en était autrement, ils pourraient compter sur une solvabilité qui ne leur offrirait qu'une garantie très-limitée, puisque les commanditaires ne peuvent être tenus au-delà de leur mise.

Toute société en commandite, même pure, c'est-à-dire composée d'un associé et d'un gérant, forme, comme la société en nom collectif, une personnalité juridique, ayant des droits distincts de ceux des associés. On appelle société en commandite, *simple ou par intérêt,* celle qui se forme entre un ou plusieurs associés et un ou plusieurs bailleurs de fonds, dont les titres ne sont pas sous la forme d'actions; et commandite *par actions* celle dans laquelle le capital est divisé en actions, ce qui consiste à partager le fonds social en un certain nombre de fractions égales.

Tout en reconnaissant les services que rendent ces sociétés, le législateur a fait son possible pour empêcher la fraude et l'abus.

C'est pour arriver à ce but, qu'une sage loi du 17 juillet 1856 a subordonné la constitution d'une société en commandite, à la souscription de la totalité du capital social, et au versement immédiat par chaque actionnaire, du quart au moins du montant des actions souscrites par lui. L'art. 405 du Code Pénal est applicable à tous ceux 1o qui ont obtenu et tenté d'obtenir des souscriptions ou versements, par la simulation et par la publication de faux versements ; 2o ceux qui ont, contrairement à la vérité, publié comme devant être attachées à la société le nom de plusieurs personnes qui n'en font point partie. Si elle ne réunit pas les conditions énoncées plus haut, et si la souscription intégrale du capital et le versement du quart ne sont pas l'objet d'une déclaration notariée faite par le gérant, la société sera nulle et de nul effet à l'égard des intéressés sans qu'ils puissent opposer aux tiers cette nullité. La même loi de 1856, pour diminuer les abus et mettre pour ainsi dire les associés en demeure de ne s'engager qu'après mûr examen, exige que lorsque dans une société en commandite par actions un associé fait un apport qui ne consiste pas en numéraire, l'assemblée générale des actionnaires en fasse vérifier et apprécier la valeur. Les délibérations sont prises par la majorité des actionnaires présents, ce qui représente le quart des actionnaires présents ou non et le quart du capital social en numéraire. Les associés qui ont fait l'apport ou stipulé les avantages soumis à l'appréciation de l'assemblée, peuvent assister aux séances et prendre part à la discussion, mais sans voix délibérative.

Le capital d'une société en commandite ne peut être divisé en actions ou coupons d'actions de moins de 100 fr. lorsqu'il n'excède pas 200,000 fr., et de moins de 500 fr. lorsqu'il est supérieur; cette division du capital en actions facilite la cession de la part des associés à des tiers; mais, aux termes de la loi que nous avons déjà citée, les actions ou coupons d'actions ne sont transmissibles par les voies commerciales qu'après le versement des deux cinquièmes, ce qui n'exclut pas la cession régulière consentie par les modes que le droit civil autorise.

Chaque souscripteur originaire est responsable du versement du prix total des actions par lui souscrites. (Loi du 17 juillet 1856, art. 3). L'associé peut néanmoins céder ses droits à un tiers, mais lorsqu'il le fait sans le consentement de la société, le cessionnaire qu'on appelle *croupier*, ne fait point partie de la société, il se forme entre le cédant et lui une espèce de société particulière. Mais si la cession a eu lieu avec le consentement de la société, le cessionnaire devient membre de la société et est substitué au cédant. D'après la disposition de l'article 2 de la loi de juillet 1856, les actions de la société en commandite sont nominatives jusqu'à leur entière libération; alors seulement elles peuvent devenir actions au porteur.

On reconnaît généralement que, quoique membres d'une société de commerce, les commanditaires ne sont pas commerçants; dès-lors il semble logique d'en conclure qu'ils ne sont pas contraignables par corps pour le paiement de leur mise; ce point, du reste, est fort controversé.

Les commanditaires doivent, nous l'avons déjà vu, rester complétement étrangers à la gestion des affaires de la société; plus encore ils ne pourraient agir au nom des gérants, même en vertu d'une procuration (27). Toutefois, cette prohibition ne s'applique qu'aux actes qu'ils feraient en représentant, comme gérants, la maison commanditée : ils peuvent donc, pour leur compte, faire des transactions commerciales avec la société (Conseil-d'Etat du 17 mai 1809); réciproquement le commanditaire qui enfreindrait ces prescriptions deviendrait, par ce seul fait, responsable comme les gérants pour toutes les dettes et engagements de la société et responsable solidairement avec eux (28).

La même décision serait applicable au commanditaire dont le nom figurerait dans la raison sociale.

Les commanditaires ont droit à une part dans les bénéfices de la société proportionnelle à leur mise. Ils peuvent assister aux assemblées générales, faire partie du conseil de surveillance qui a pour mission de veiller à ce que les conventions sociales reçoivent leur exécution, prendre connaissance de la situation de la société et vérifier les livres, la caisse et le portefeuille.

De la société anonyme.

Origine. — Les sociétés anonymes étaient connues dès le moyenâge, sans qu'on puisse assigner une date certaine à leur naissance : mais elles n'avaient pas alors de législation particulière et chacune d'elles était régie par des lois ou conventions particulières.

Définition, caractère. — On peut la définir une société qui a ce point de commun avec la société en commandite, que les associés ne sont tenus que jusqu'à concurrence de leur mise, mais restent inconnus du public. De plus les gérants peuvent être choisis parmi les associés. Le but de cette société est de faire face à de grandes entreprises nécessitant de nombreux capitaux et dans lesquelles personne n'oserait s'engager si l'on devait être tenu d'une manière indéterminée ; c'est donc plutôt une société de capitaux qu'une société de personnes. On l'appelle anonyme parce qu'elle ne peut avoir de raison sociale, tous les associés restant inconnus : on la désigne alors par l'objet de son commerce ou de son industrie : Banque de France, Compagnie de Chemin de fer, d'Omnibus, etc. Elle forme, comme toute société, une personne juridique.

Administration. — La société anonyme est administrée par des mantaires à temps, révocables, associés ou non associés, salariés ou gratuits (Com. 31). L'administration est ordinairement composée :

1o D'un conseil de surveillance appelé aussi conseil d'administration, formé d'un certain nombre des plus forts actionnaires qui prennent le titre d'administrateur. Placé au sommet de l'administration, ce conseil la dirige et statue dans certains cas extraordinaires, il gère et agit au nom du corps social.

2⁰ D'un ou plusieurs directeurs gérants, mandataires d'un conseil d'administration et agissant sous sa direction immédiate.

3⁰ D'un ou plusieurs *censeurs* exerçant une surveillance active sur toutes les branches du service ; ils sont parfois remplacés par des commissaires du gouvernement, remplissant les mêmes fonctions.

4⁰ D'un conseil judiciaire composé de jurisconsultes et d'avocats chargés de donner leur avis dans les contestations de la société avec les tiers.

Droits et obligations des associés. — Les associés ou actionnaires ont à contrôler les opérations faites par le conseil d'administration au nom de la société, à recevoir, vérifier et approuver ou non les comptes présentés par le conseil. Les comptes sont rendus et les dividendes fixés dans les *assemblées générales* des actionnaires, aux époques et pour les causes fixées par les statuts. Les actionnaires y sont également appelés à autoriser les administrateurs à émettre de nouvelles actions et en fixer le taux, et ils donnent par le moyen du vote leur avis sur les questions soumises par les administrateurs. Les administrateurs ne sont responsables que de l'exécution du mandat qu'ils ont reçu, ils ne contractent vis-à-vis des tiers aucune obligation personnelle, ceux-ci n'ont d'action que contre la société (Cod. Com. 32). Les créanciers de la société peuvent-ils poursuivre par une action directe les associés pour le paiement de leur mise : cette question est commune à la société en commandite et à la société anonyme. Nous nous rangerons à l'avis de Merlin, Pardessus, Troplong, etc., avis du reste confirmé par des arrêts du 28 février 1844, 31 juillet 1851, 6 décembre 1850 (Paris) ; et nous répondrons que les associés peuvent être poursuivis directement, parce qu'ils sont obligés par les actes des gérants leurs mandataires. Un arrêt tout récent de la Cour de Cassation du 28 mars 1855 est venu confirmer cette opinion.

Division du capital en actions. — Cette opération consiste à partager le fonds social en fractions égales dont le total forme le capital de la société. Chaque fraction prend le nom d'action ; chaque action représentant une même valeur, a droit à une même part dans les bénéfices. Les actions sont nominatives, c'est-à-dire portant le nom de l'actionnaire, ou au porteur. La propriété d'une action nominative se transmet par une déclaration de *transfert* inscrite sur les registres de la société et signée par celui qui fait le transfert. Lorsqu'un actionnaire est encore débiteur d'une partie de sa mise et qu'il cède ses droits à un tiers, la société pourra, sans être obligée de s'adresser au cessionnaire, poursuivre le cédant pour le paiement du surplus; et en effet si l'action est au porteur, les souscripteurs sont engagés jusqu'à parfait paiement par des conventions synallagmatiques dont chacun des intéressés peut réclamer l'exécution; c'est à l'actionnaire qui voudra céder son action au porteur à se procurer des sûretés convenables par des stipulations faites avec le cessionnaire. Si l'action est nominative, d'après les principes du droit commun, le créancier n'est pas obligé de changer de débiteur, à moins qu'il ne consente à une novation et ne libére le débiteur. On peut bien céder son droit, mais non pas sa dette sans le consentement du créancier. Or, l'autorisation de transfert donnée par la société, n'a eu pour but que de consentir à la cession du droit, mais non pas à la cession de la dette.

Preuve, publicité, dissolution de la société en commandite et de la société anonyme. — Un écrit authentique peut seul prouver l'existence de la société anonyme, tandis que les autres sociétés peuvent se prouver par des actes sous-seing privé, en se conformant aux dispositions de l'article 1329, Cod. Nap., sur la nécessité des *doubles*. Aucune preuve par témoins ne peut être admise contre et outre le contenu des actes de la société, ni sur ce qui serait allégué avoir été dit avant, lors et depuis la confection de l'acte, bien qu'il s'agisse d'une somme inférieure à 150 fr. (Com. 41). Pour la société en commandite, un extrait des actes de société doit être dans la quinzaine de leur date remis au greffe du tribunal de commerce de l'arrondissement dans lequel est établi le siége de la société. Il sera transcrit sur un registre et affiché pendant trois mois dans la salle des audiences. Si la société a plusieurs maisons de commerce situées dans divers arrondissements, les mêmes formalités sont exigées dans chaque arrondissement. L'extrait est en outre inséré dans les journaux désignés chaque année pour la publication des annonces légales (42).

L'article 43 énumère les mentions que cet extrait doit contenir. La société anonyme ne peut exister qu'avec l'autorisation du chef du pouvoir exécutif et avec son approbation pour l'acte qui la constitue. Cette approbation est donnée dans la forme prescrite pour les réglements d'administration publique. Une loi, qui est vraiment d'ordre public, a ordonné que l'ordonnance d'autorisation et l'acte de société soient insérées, *dans leur entier*, au *Moniteur* et au *Bulletin des lois*, puis affichés, aussi dans leur entier, pendant trois mois et de la même manière que l'extrait de la société en commandite. Une sévère sanction pénale assure l'exécution de ces prescriptions, et les actes de société non rendus publics dans les délai et forme voulus, sont nuls à l'égard des intéressés.

Le défaut de publicité ne pourra être opposé aux tiers par les associés, tandis que les tiers peuvent le leur opposer, se l'opposer entre eux et faire prononcer en tout état de cause, la dissolution de la société.

Toutefois, quoique la société anonyme n'ait une existence légale qu'après l'autorisation du gouvernement, les associés seront liés entre eux aussitôt après la rédaction de l'acte public qui constate leurs conventions, à moins cependant que le gouvernement n'approuve pas ces conventions, ou y apporte des modifications importantes liant leurs intérêts, auquel cas nous pensons que les associés pourront se dégager de leurs engagements envers la société non autorisée.

Tous les actes qui modifient les conventions primitives d'une manière qui intéresse les tiers, sont soumises aux mêmes formalités. Ainsi, on devra publier : les actes constatant la volonté des associés de continuer la société après le terme expiré (Cod. Napoléon, 1866), ceux portant dissolution de la société avant le terme fixé, et dans le cas de société en commandite, les changements à faire à la raison sociale, les changements ou retraites d'associés, les nominations de nouveaux gérants.

Dissolution. — Liquidation. — Les principales causes de dissolution sont : l'expiration du temps pour lequel la société a été contractée ou l'entreprise concédée, l'extinction de la chose ou la consommation de la négociation, le consentement mutuel des associés.

La société en commandite peut encore être dissoute par la mort ou l'interdiction d'un des associés. Toutefois, on admet généralement que si la commandite est formée par action, elle ne pourra être dissoute par la mort ou l'interdiction des commanditaires. Du reste, l'article 1868 du Code Napoléon permet de stipuler qu'en cas de mort de l'un des associés, la société continuera avec son héritier ou avec les associés survivants.

La liquidation a pour but de mettre fin à cette communauté d'intérêts qui existe entre associés et de déterminer l'excédant à l'actif sur le passif ou réciproquement. Elle s'opère par les soins d'un ou de plusieurs mandataires appelés liquidateurs, qui peuvent être choisis, soit parmi les associés, soit parmi les personnes étrangères à la société. Leur principale mission consiste à déterminer ce que les tiers doivent à la société, à en opérer le recouvrement et à libérer la société envers ses créanciers. Ils peuvent donc vendre les marchandises, recouvrer les créances, payer les créanciers sociaux, mais ils ne pourraient pas emprunter, ni hypothéquer ou vendre les immeubles de la société. On décide généralement qu'ils peuvent *transiger* ; s'il en était autrement, la liquidation serait parfois impossible.

La liquidation achevée et les créanciers étant tous désintéressés, les associés sont appelés au partage qui, en général, est régi par les principes traités sur cette matière dans le Code Napoléon.

QUESTIONS.

I. La société en commandite forme-t-elle une personne juridique ? — Oui.

II. Les commanditaires sont-ils commerçants ? — Non.

III. Le non commerçant qui souscrit des actions dans une société en commandite, est-il contraignable par corps pour le paiement de sa mise ? — Non.

Droit Administratif.

Qu'est-ce qu'un acte administratif ?

Il est très-important de se rendre un compte exact de la portée de cette question, et de ne pas confondre un *acte administratif* avec certains actes *reçus par un administrateur dans la forme des actes administratifs.* L'indépendance complète qui doit exister entre l'autorité administrative et l'autorité judiciaire n'exige pas seulement qu'elles ne puissent prononcer que sur les matières qui leur sont réservées, mais encore que les actes émanés de l'une soient respectés par l'autre : aucune incertitude ne pourra donc exister sur un acte lorsque sa nature sera bien définie. On peut d'abord poser ceci en principe absolu : toutes le fois que l'administration est compétente pour prescrire une mesure, elle seule est compétente pour la modifier, la rapporter et en connaître. Mais quelle autorité pourra faire des actes administratifs ? Le pouvoir exécutif se divise en deux grandes branches : pouvoir exécutif pur et administration active. Le pouvoir exécutif pur, c'est l'action gouvernementale se manifestant par des ordonnances nécessaires à l'exécution de la loi, par des réglements généraux d'ordre de police et de sûreté générale, par des traités diplomatiques et conventions dont l'énumération serait trop longue. L'administration active protège les intérêts généraux de la société et surveille l'action de chaque citoyen. Elle se divise en administration active au premier chef, ou *pouvoir gracieux* ; et administration au second chef, ou *pouvoir contentieux*. La première accorde des permissions, des faveurs , et *tolère* ; un recours lui est ouvert lorsqu'un intérêt a été froissé.

L'administration active au second chef ou pouvoir contentieux est beaucoup plus importante par ses attributions, et, comme il a été dit bien souvent, elle est tout le Droit Administratif. Le contentieux ne peut se mouvoir sans toucher à des droits primitifs ou à des droits acquis , et son caractère se résume admirablement dans la formule de M. Chauveau : *Un intérêt spécial émanant de l'intérêt général discuté, en contact avec un droit privé.*

C'est au seul pouvoir exécutif , dont nous avons essayé de faire voir les attributions, qu'il appartiendra de faire des actes administratifs.

Si l'on se rendait un compte plus exact du véritable sens du mot *acte administratif*, il n'y aurait pas tant d'hésitations dans la doctrine et la jurisprudence. Aussi, arrive-t-il souvent qu'on dénie la compétence des tribunaux civils pour des actes qui présentent l'apparence d'actes administratifs sans en avoir réellement le caractère. Comme il est de principe que chaque autorité interprète ses propres actes, ainsi que le fait observer si judicieusement M. Macarel, l'autorité administrative interprétera seule les actes administratifs.

Un point fort important à observer, c'est que pour qu'un acte soit réellement administratif, il faut ce double caractère : qu'il émane de l'autorité administrative, et se rapporte à un objet d'administration.

Une loi peut-elle être considérée comme un acte administratif? non, puisqu'elle n'émane pas du pouvoir exécutif, seul investi du droit de faire des actes administratifs.

Ces actes peuvent être réglementaires ou généraux, limités à un ou plusieurs cas, déterminés ou purement contractuels. Un acte réglementaire, comme par exexemple, un arrêté de police d'un préfet ou d'un maire, peut être réformé après poursuite administrative, mais non par voie contentieuse; c'est alors un fait de législation plutôt qu'un fait d'administration.

Un arrêt de la Cour de Cassation du 24 mai 1842, a décidé qu'un juge de paix saisi d'une action en dommages-intérêts, pouvait interpréter les dispositions d'un réglement d'octroi , en recourant à la loi générale. L'amnistie n'est point un acte administratif; toutefois , MM. Morin et Chauveau décident avec raison, ce nous semble, que l'amnistie étant irrévocable, constitue aussitôt un droit acquis.

La loi du 21 mars 1832 décide qu'en matière de recrutement, les actes de substitution seront reçus par les préfets *dans la forme* des actes administratifs ; mais l'administration ne s'occupe que des actes considérés dans leurs rapports avec le service public. Conformément à cela, un jugement du tribunal de la Seine, du 15 juillet 1841 , décide que c'est à l'autorité judiciaire qu'il appartient de statuer sur la demande en nullité d'un acte de remplacement contracté en contravention à l'art. 19, 23 de la loi du 21 mars 1832.

D'autres actes où *l'État est en cause*, comme des baux, des ventes, des contrats d'échange, dans lesquels l'intérêt général n'est nullement engagé, quoique passés en la forme administrative, ne sont point des actes administratifs; ils sont régis par les lois civiles, et toutes les difficultés auxquelles ils peuvent donner lieu sont du ressort de l'autorité judiciaire, sauf quelques exceptions. Ils émanent de l'État, agissant comme propriétaire. Le pouvoir exécutif représente, en effet, l'État, et agit en son nom en trois qualités différentes : comme gouvernement, et alors il fait un acte du pouvoir exécutif pur; comme administrateur, et alors il fait des actes administratifs, et enfin, comme propriétaire, pour exercer toutes les actions relatives aux biens de l'État; ses actes sont alors des conventions privées.

Ainsi lorsque certaines personnes morales comme : le département , la commune , les établissements publics agissant sous la tutelle de l'État, achètent ou vendent, passent des baux, font exécuter des travaux , ces conventions se font dans la forme d'un acte administratif, mais elles ont le plus souvent besoin de l'homologation de l'autorité administrative supérieure , ou de l'homologation du tribunal.

Une ordonnance du 8 janvier 1836 , intervenue dans l'affaire Thibaut contre la commune de Brie-Comte-Robert , a consacré le principe qui n'est pas douteux du reste , que tous les actes de tutelle administrative pouvaient être rangés au nombre des actes administratifs. De même un arrêt de la Cour de cassation , du 1er avril 1834 , a déclaré acte administratif l'ordonnance royale qui approuve l'établissement et homologue les statuts d'une société anonyme , et en cette qualité cette ordonnance ne peut être interprétée , ni modifiée par les tribunaux ; mais ceci ne doit s'entendre que de l'acte d'autorisation émané du Roi , qui seul peut donner l'existence à la société.

Dans l'affaire du duc de Richemond contre Napier , la Cour de cassation , par un arrêt, en date des 24 juin 1839 et 11 août 1841 , a reconnu expressément : que les traités passés entre les nations ne sont pas de simples actes administratifs, mais qu'ils ont le caractère *de loi*. D'où il résulte que ces traités diplomatiques sont hors du domaine des tribunaux administratifs et judiciaires , et à l'abri de toute réclamation. Le Conseil-d'Etat a donc justement repoussé des réclamations relatives : 1° au traité signé à Fontainebleau, le 11 avril 1814 , par Napoléon après sa déchéance ; 2° à la convention diplomatique du 5 janvier 1824 , ayant pour objet de régler l'indemnité due aux propriétaires de navires capturés pendant l'année précédente , etc. , etc. — Ces traités peuvent , selon leur objet , donner lieu à des discussions gracieuses , contentieuses , administratives ou judiciaires.

« *Un acte ne puise point sa qualification dans la qualité de la personne* » *qui le reçoit mais dans la matière qu'il concerne* », comme le dit si bien notre savant et laborieux professeur M. Chauveau. Ainsi , lorsque par délégation d'une partie du pouvoir exclusif , le maire prend des mesures d'intérêt général , comme lorsqu'il règle les aliments et tout ce qui se rattache à la grande ou à la petite voirie, il fait un acte administratif. Mais on ne doit pas confondre avec ceux-là certains faits particuliers , comme le refus d'expédition ou d'extrait fait : 1° par un maire en tant qu'officier de l'état civil ; 2° par le préfet , dépositaire des arrêtés du conseil de préfecture ; 3° par un conservateur des hypothèques, etc.

Dans tous ces cas de refus, on peut s'adresser à l'autorité administrative supérieure, ou bien aux tribunaux ; ainsi, les maires et les autres dépositaires des matrices cadastrales ne peuvent refuser d'en délivrer des copies ou extraits, et on peut se pourvoir, sans autorisation préalable, devant les tribunaux contre leur refus. Cependant un arrêt de la Cour de Cassation, du 26 avril 1830, décide qu'ils faut s'adresser préalablement à l'autorité administrative et qu'on ne peut, sans autorisation, poursuivre devant les tribunaux le fonctionnaire qui refuse. (M. Chauveau dans le *Journal des Avoués*, t. 39, p. 29 ; et dans son ouvrage des *Lois de la procédure civile*, a savamment critiqué cet arrêt.)

Toutes les fois qu'un acte émanant de fonctionnaires publics, dans l'exercice de leurs fonctions administratives, aura causé un dommage, et qu'il y aura alors excès, les tribunaux civils seront seuls compétents pour accorder les dommages-intérêts, et dès le jugement l'acte aura perdu son caractère d'acte administratif et ce ne sera plus qu'un acte privé. Et maintenant, nous pourrons, avec M Chauveau, définir un acte administratif, un acte d'administration, un acte émanant du pouvoir qui administre.

Plusieurs difficultés peuvent se présenter pour l'interprétation, l'explication ou l'application d'un acte administratif. D'abord nous refuserons aux juges civils le droit d'appliquer ou d'expliquer si un acte administratif leur paraît clair.

Nous pourrions citer de nombreuses autorités qui consacrent ce principe, et des arrêts du 26 septembre 1811, Vicard contre Souhait ; 1er août 1837, Patron ; 22 avril 1842, Tavena contre Blanchet, etc.

Toutes les fois qu'un droit dérivé d'un acte administratif aura été porté devant un tribunal civil, si la valeur des expressions de l'acte, si sa validité intrinsèque sont contestées, l'autorité administrative sera seule compétente pour en connaître. S'il en était autrement, cela pourrait entraîner les parties dans des procédures interminables et très coûteuses. Ceci démontre toute l'importance qui s'attache à bien circonscrire l'expression acte administratif et la portée de l'interprétation qu'est appelée à donner l'autorité administrative.

QUESTIONS.

I. Les difficultés auxquelles peut donner lieu un acte administratif sont-elles du ressort de l'autorité judiciaire? — Non.

II. Un traité diplomatique est-il un acte administratif? — Non.

III. Le règlement d'un maire dans une question d'alignement, est-il un acte administratif? — Oui.

Cette Thèse sera soutenue, en séance publique, dans une des salles de la Faculté, le 10 Août 1861.

Vu par le Président de la Thèse,

CHAUVEAU-ADOLPHE.

Toulouse, Imprimerie Troyes Ouvriers Réunis, imp.-Lib., rue Saint-Pantaléon.